»He siehsch's denn nit, e Ma!«

er het e Tschöp-li a.

Er het e Tschöp-li a.«

Johann Peter Hebel

# Der Mann Im Mond

Herausgegeben von Waldemar Lutz

Illustriert von Traute Enderle-Sturm

Verlag Waldemar Lutz

»Lueg Müetterli, was isch im Mo?«
»He siehsch's denn nit, e Ma!«
»Jo wegerli, i sieh nen scho;
Er het e Tschöpli a.«

»Was tribt er denn die ganzi Nacht,
Er rüehret jo kei Glied?«
»He siehsch nit, aß er Welle macht?«
»Jo, ebe dreiht er d' Wied.«

»Was het er bosget, Müetterli?
Wer het en bannt dörthi?«
»Me het em gsait de Dieterli,
E Nütnutz isch er gsi.

Ufs Bete het er nit viel gha,
Ufs Schaffen o nit viel,
Und öbbis mueß me z' triebe ha,
Sust het me langi Wyl.

Drum, het en öbbe nit de Vogt
Zur Strof ins Hüsli gsperrt,
So isch er ebe z' Chander ghockt
Und het Butelli gleert.«

»Je, Müetterli, wer het em 's Geld
Zue so me Lebe ge?«
»Du Närrsch, er het in Hus und Feld
Scho selber wüsse z' neh.

Ne mol, es isch e Sunntig gsi,
Do stoht er uf vor Tag,
Und nimmt e Beil, und tummlet si,
Und lauft in Lieler Schlag.

Er haut die schönste Büechle um,
Macht Bohnestecke drus,
Und treit sie furt, und luegt nit um,
Und isch scho fast am Hus.

Und ebe goht er uffem Steg,
So ruuscht em öbbis für:
'Jetz, Dieter, goht's en andre Weg!
Jetz, Dieter, chumm mit mir!'

Und uf und furt, und sider isch
Kei Dieter wit und breit.
Dört obe stoht er im Gibüsch
und in de Einsemkeit.

Jetz haut er jungi Büechle um,
Jetz chuchet er in d' Händ;
Jetz dreiht er d' Wied und leit si drum,
Und 's Sufe het en End.

So goht's dem arme Dieterli;
Er isch e gstrofte Ma!«
»O bhüetis Gott, lieb Müetterli,
I möcht's nit mit em ha!«

»So hüet di vor em böse Ding,
's bringt numme Weh und Ach!
Wenn's Sunntig isch, so bet und sing,
Am Werchtig schaff di Sach!«

# Der Mann im Mond. a

Mel. v. M. Vogt. Satz v. O. Schlaget
im Wiesental gesungen.

1. Lueg Müet = ter = li, was isch im Mo? He siehsch's denn nit, e Ma! Jo we = ger = li, i sieh nen scho; er het e Tschöp = li a; er het e Tschöp = li a!

# Der Mann im Mond. b

aus Gresgen i. W

1. Lueg Müet=ter=li, was isch im Mo? He gsehsch denn nit, e Ma? Jo we=ger=li, i gseh=nen scho, er het e Tschöp=li a

## Alemannisch – Hochdütsch
Nach der Strophenfolge geordnet

lueg – schau!
Mo – Mond
siehsch's – siehst du es
nit – nicht
e – ein
Ma – Mann
jo wegerli – hier: abwägendes »ja, doch«
nen – hier: ihn
Tschöpli – Jacke, Kittel, Wams

tribt – treibt
rüehret – rührt
kei – kein
aß – daß
Welle – handliches Bündel von Reisig
    und Ästen. Zusammengelesenes
    Brennholz für die Beheizung der
    »Kunscht« (Kachelofen, Backofen).
    Heute noch verwendet z.B. für die
    Scheibenfeuer an der »alten Fas-
    nacht«.

Jo, ebe dreiht er d' Wied – Ja, soeben
    dreht er die Weidenrute um das Bün-
    del. Die »Wellen« wurden mit frischen
    Weideruten zusammengehalten;
    statt eines Knotens wurden die Ruten-
    enden verdreht.

bosget – angestellt, verbrochen
bannt – verbannt
dörthi – dort hin
gsait – gesagt; ihm gsait – ihn genannt
Nütnutz – Nichtsnutz, Taugenichts
gsi – gewesen

ufs – auf's Beten hat er nicht viel
    gegeben
gha – eigentlich: gehabt
o – auch (im Markgräflerland für:
    au – auch)
öbbis – etwas
triebe – treiben, tun
ha – haben
sust – sonst
langi Wyl – Langeweile

öbbe – eben, gerade
Vogt – Bürgermeister, der früher auch
    die Polizeigewalt ausübte.
Hüsli – eigentlich: Häuschen; hier
    Ortsarrest
Chander – Kandern, kleine Stadt im
    Markgräflerland zwischen Lörrach
    und Badenweiler.
Butelli – französisch:
    bouteille = Flasche(n)

em – ihm
so me – so einem
ge – gegeben
Närrsch – (Närrischer), Unwissender
Hus – Haus
wüsse z' neh – gewußt, sich (Dinge) zu
    nehmen, stehlen

ne mol – einmal
Sunntig – Sonntag
gsi – gewesen, (es war an einem
    Sonntag)
do stoht er uf vor Tag – da steht er vor
    Tagesanbruch auf
si – hier: sich
Lieler Schlag – Waldstück beim Dorf Liel
    nahe Kandern

Büechle – kleine Buchen
Bohnestecke – dünne Holzstangen für
    Kletterbohnen
drus – daraus, davon
treit – trägt
furt – fort
luegt nit um – schaut sich nicht um
isch – ist
Hus – Haus

ebe – soeben
goht – geht
uffem – auf dem
so ruuscht em öbbis für – da rauscht
    etwas heran (und spricht:)
chumm – komm

uf und furt – auf und davon
sider – seither

chuchet – haucht (in die Hände, weil's
    dort kalt ist)
leit – legt
's Sufe – die Sauferei

gstrofte – ein gestrafter
bhüetis – behüte uns
i möcht's nit mit em ha – ich möchte es
    nicht mit ihm zu tun haben,
    ich möchte es ihm nicht gleichtun
hüet – hüte
    Werchtig – Werktag

Johann Peter Hebels Geschichten und Gedichte sind ein Stück Gemeinsamkeit im alemannischen Sprachraum. Auf dem besten Weg, solche Gemeinsamkeit zu vertiefen und zu erneuern, sind die von Traute Enderle-Sturm illustrierten Kinderbücher aus dem Verlag Waldemar Lutz in Lörrach. Seit Jahren sind sie weitverbreitete Standardwerke im Kinderland unserer Mundart.

### Alte Hex vo Binze

28 Seiten, farbig illustriert, fester Einband.
Die Geschichte von der Hex, dem Hexle, dem Humpelhund und dem Hexundhexleshumpelhundhüttehüsle kann man auf hochdeutsch oder alemannisch (vor)lesen. Sie spielt auf einer Burg und handelt von der »Erfindung« des »Chrüttergutzi«. Vor allem aber ist es eine lustige und heimelige Geschichte für Kinder ab 3 Jahre.
2. Auflage DM/Sfr. 17.50

### In Mueters Stübeli

**Buch:** 48 Seiten, 37 Lieder, einfacher Notensatz mit Akkordbezeichnungen für Gitarre. Alle Lieder farbig und fröhlich illustriert.
**Cassette:** Sämtliche Lieder des Buches in gleicher Reihenfolge wie im Buch. So können kleine Kinder beim Hören mitblättern und mitsehen. Es singen ein Kinderchor und Solisten.
Sehen, spielen, singen – so lernen Kinder ihre Welt kennen. Spielerische Anleitungen dazu vermitteln Buch und Cassette in Fülle. Sie vereinigen die bekanntesten und gebräuchlichsten Kinderlieder unserer Mundart. Für Eltern und Kinder jeden Alters.
Buch: 3. Auflage DM/Sfr. 22.—
Cassette: 4. Auflage DM/Sfr. 19.50
Multipack:
Buch + Cassette DM/Sfr. 38.—
(Sie sparen 3.50)

### Versli us em Kinderland

Das Kinderland unserer Mundart steckt voll heiterer und bezaubernder Poesie. Dieses Buch enthält eine Auswahl von über 100 der schönsten und gebräuchlichsten Kinderreime. Eltern vermitteln sie schon beim Spiel mit dem Kleinkind und bringen ihm damit Umwelt und Muttersprache nahe. Die Versli trösten und erheitern, sie begleiten die Kinderspiele, den Tages- und den Jahreslauf. Liebevolle Illustrationen untermalen jedes Gedicht und laden ein zum Gebrauch als Bilderbuch. Für Eltern und Kinder jeden Alters.
2. Auflage DM/Sfr. 22.—

© 1985 Verlag Waldemar Lutz, D-7850 Lörrach
Mit freundlicher Genehmigung des Hebelbundes Sitz Lörrach e.V.
Satz: TypoData Fotosatz GmbH, Lörrach
Druck: Südwestdruck GmbH, Lörrach
Einband: Walter-Verlag, Heitersheim
ISBN 3-922 107-22-2

# Der Mann im Mond

»Lueg, Müet-ter-li, was isch im Mo?«

»Jo we-ger-li, i sieh nen scho